Peter Schwanz

Nur noch vom Unendlichen begrenzt – eingebunden in schier uferlose Weite

edition exemplum

Peter Schwanz

Nur noch vom Unendlichen begrenzt – eingebunden in schier uferlose Weite

Nachgelassene Gedichte, Teil II

ATHENA-Verlag

Bibliografische Information der Deutschen Nationalbibliothek

Die Deutsche Nationalbibliothek verzeichnet
diese Publikation in der Deutschen Nationalbibliografie;
detaillierte bibliografische Daten sind im Internet über
<http://dnb.d-nb.de> abrufbar.

1. Auflage 2024

Mellinghofer Straße 126, 46047 Oberhausen
www.athena-verlag.de

Druck und Bindung: Majuskel Medienproduktion GmbH, Wetzlar
Gedruckt auf alterungsbeständigem Papier (säurefrei)
Printed in Germany

ISBN 978-3-7455-1175-8

Nochmals, und zum nun wohl letzten Mal,
der in allem Wandel immer selben und einen, Einzigen:
Sophie

VORBEMERKUNG

An dieser Stelle nur kurz ein schließlich doch unumgängliches und vielleicht schon früher angezeigt gewesenes Eingeständnis. Denn eine ganze Reihe der Gedichte dieses Bändchens weisen, vermutlich in noch stärkerem Ausmaß als die vorangegangenen, gewisse ›Ungereimtheiten‹, ein letztlich kaum näher zu Erhellendes, nicht mehr wirklich, geschweige denn tatsächlich exakter Greifbares auf. Doch habe ich mich zu lange an ihnen abgearbeitet, mit ihnen herumgequält, um sie einfach abzutun, also unveröffentlicht beiseite zu lassen.

Möge so der Interessierte ein sich immer wieder zeigendes offenbar Unauflösbares nur eben als Abbild des Lebens, wie es nun einmal ist, zur Kenntnis nehmen, der ›Sachverständige‹ es für sich selbst irgendwie zu beheben versuchen, der Wissende bzw. wirklich Kundige sich aber einmal mehr gerade hierdurch aufgefordert fühlen, einer bleibenden letzten Rätselhaftigkeit unseres Daseins dennoch möglichst geradlinig zu begegnen und es so, allem zum Trotz, immer wieder von neuem ernst und ehrlich zu bewältigen versuchen.

Inhalt

IV Zwischenstück 2: – und nie genau zu wissen, wo, wohin!

V Wenn sich's im Herzen regt, als sei es ihm bekannt …

VIII Zwischenstück 4: Was wohl (man fragt vergebens, wer das mißt) noch etwas bleibt

IX Als verglich' sich unsrer Not – fremde Güte?

Es wird viel von einer vorbestimmten Zeichnung in [einem] Bildteppich gesprochen. Manche sind sicher, sie sehen sie. Manche sehen, was zu sehen ihnen gesagt worden ist. Man che erinnern sich, daß sie sie einst sahen, aber haben sie aus den Augen verloren. Manche fühlen sich dadurch gestärkt, daß sie ein Muster sehen, nach welchem die Bedrückten und Ausgebeuteten der Erde allmählich aus ihrer Knechtschaft frei werden. Manche finden Kraft in der Überzeugung, daß da nichts zu sehen ist. Manche

Thornton Wilder

I

Bald letztem Aufbruch bang entgegen!?

VIELE SPÜREN ALLES RINGS UM SICH VERBLASSEN
… und sind, einsam, zu allein, sich zu verhehlen,
daß die Schatten, die sich aus dem Zwielicht schälen,
nie zum Mantel werden, der uns wärmt:
die wir, frierend, schließlich so verlassen
sind, daß wir solch Schicksal nur noch hassen
können, sehn wir andre in stets vollem Licht
fern der Sorge, die uns pausenlos umlärmt
und in abertausend Formen dicht umschwärmt,
bis zur Mitte von uns vorzudringen;
– und man nimmt es hin,
als sei es ein Gericht:
weitere Bestrafung des Gestraftseins – Pflicht-
übung, der wir uns geduldig unterziehn,
– einbezogen in den Wust und Sturz von Dingen,
die vorübergehend wie ein Ganzes klingen
in der Flut, die pausenlos verebbt und neu
anrollt, niederwalzend, was bloß wie geliehn
ist: kurz aufscheint nur, sich mit uns zu verlieren
(wie von Nichts zu Nichts); … und werden doch im schieren
Fall getragen, kaum viel mehr als leichte, lose Spreu,
die der Wind aufnimmt: und trägt uns ohne Scheu
ins Sein derer, die in ihrem Glanz erfrorn,
während wir, die, los und frei, ins Leere ragen,
ohne Hoffnung wieder beieinander lagen,
… endlich unbesorgt;
denn was mit uns verlorn
geht – dies bißchen Dasein, ist ja nicht das große
Leben selbst, … zeigt sich auf seinen Reben
auch ein Anflug wie von Mehltau: und die Rose
von noch immer trüberm Licht umgeben.

9. März 1981

VERMUTUNG – IM GEWAHREN EINER WARNUNG ODER VERHEISSUNG?

1

Vielleicht, daß auch die Träume von uns wahr
sind, irgendwie und -wo, in andern Zonen,
… und gar nicht weit entfernt wärn noch Regionen,
uns nachts durchstreunend wie am Tag das Haar

ein kleiner Wind auf seiner Suche nach …;
– du ahnst nicht mal, woher er kommt: und weißt
bloß plötzlich, daß, was auch dein Tag verheißt,
dir kaum – genug sein kann: zu viel liegt brach,

ein Feld, drauf nichts gedeiht und das doch immer
noch leer und leerer wird; bis es inmitten
des Aufruhrs in und um uns ungerührt

zu sehn zwingt, was, kaum vag ein schwacher Schimmer,
– uns trotzdem greift … und einem Ziel zu führt,
… das lockt und wächst im Hall von unsern Schritten.

15. Januar 2019

2

Vielleicht sind auch die Träume von uns wahr
in andern, uns verborgenen Regionen
des Raums, den wir so unbesorgt bewohnen,
… als wäre um und in uns alles klar

und festgelegt mit nur dem einen Ziel:
das Spiel zu spieln des einen, großen Lebens
– weiß auch ein jeder, ausnahmslos: vergebens
bleibt alles Mühen – und zum Schluß nie viel,

was, dennoch, … fast gelungen wäre; wären
wir selbst nicht unaufhörlich die gewesen,
… die wir nun einmal sind; doch nicht zu bleiben

verdammt: uns wie im Traum zu lösen
– auf jene andre Wirklichkeit zu, deren
Wind anderm gilt als toter Blätter Treiben.

15. Januar 2019

Oktobertöne: in Farben
zerfließt das Gefüge der Welt,
… blüht auch noch im Herzen der Garben
Gedächtnis und spielt um die Narben
der Stoppeln, … als bliebe das Feld

bereit; wofür auch immer
– wie gern wär's nun auch ich!
: zwar stürzend, – doch zähln Trümmer,
eh' warmer Augen Schimmer
dem ersten Frosthauch wich?

8. Oktober 1975

<NUR PENDANT ZU SCHON FRÜHEREM UND NOCH WEITEREM LOB DES WECHSELS>

1

Werd auch du Teil jenes Wechsels,
drin sich Herbst fast übernimmt
... und geläuf'gen Wortgedrechsels
Tenor nicht mehr dazu stimmt,

daß stumm ins ... Vergessen fällt,
was, schon sinkend, noch – nach Wegen
sucht, – die, uns nun hart entgegen
Räumen einer andern Welt

zu, nichts sind als Forderung:
loszulassen; denn sie bindet,
mehr zu sein als bloße Flucht,

– dir dein Herz: das risse, sucht
es, indem sich's selbst entwindet,
noch nach ... eignem Takt und Schwung.

30. September 2006

2

Uns aber, wo wir Eines meinen, ganz,
ist schon des andern Aufwand fühlbar ...
Da wird für eines Augenblickes Zeichnung
ein Grund von Gegenteil bereitet, mühsam,
daß wir sie sähen; denn man ist sehr deutlich
mit uns.

Rainer Maria Rilke

Ständiger Wechsel; doch wo wär' die Zeit,
daß wir sie stets noch als solchen erleben?
... uns zu erneutem Vollzug zu erheben
– wachsend im Wechseln, wenn auch nie so weit,

daß wir zu weit für den neuen Beginn
wären: verlorener Stein eines Spieles;
preis so gegebene Fülle des Zieles,
– fallend: als wohne im Fallen ein Sinn,

... den wir nicht suchen, eh' sich zu verlieren
Motto wird, uns so ein andrer Akzent
auslöscht; als sei nicht, indem wir, im schieren

Untergang schließlich der sterbenden Fahnen
Staub mehrn, durch uns (wie Lasur transparent)
gleichsam ... hindurch erst ein – Ganzes zu ahnen!

Juni 1976

3

Des Himmels blasses, ausdrucksloses Grau
der Ruf des Kuckucks oder wilder Tauben
und nackte Äste, die sich kaum belauben,
sind der Bezug, der *dich* jetzt so genau

erfaßt, umgreift, daß, in bald … vollerm Licht,
du zögerst, seine – ganze Wucht zu spüren:
und die noch ferne wilde Glut zu schüren,
… aus der nichts als der Anfang dessen bricht,

was dich verbrennt, verschlingt gleich all den Dingen,
die man an jenem … andern Maßstab mißt,
– der, Trug erstickend, sucht, woran er ist;

und deinen Tagen, die dir nicht gelingen,
eh' sie ein – Absehn von dir selbst erzwingen,
als solcher Tausch erst tiefern Raum erschließt.

April 1977

SCHNEEHERZ, still frierend
– traumlos am Rand
schwindender Ufer,
… nicht mehr benannt;
nichts als ein Nagen
schmerzender See
: randvoll von Tränen
tief unterm Schnee.

1961

HAB ICH JE SOMMER GESEHEN?
… In Frost und Schnee
starrt jetzt der Tage Zerwehen;
– wohin ich geh,
fragt teilnahmsvoll nur die Krähe
und nickt mir zu,
weist mir den Weg: den ich flöhe,
wärst … ›dort‹ nicht – du.

1962

‹ÜBER SICH HINAUS UND WONACH, WENN NICHT NACH ZULETZT GOTT FRAGEND?!›

Wenn die dunklen Wolken ziehn,
und du, über ihrem Jagen
innehaltend, fragst: wohin
geht die Fahrt? – gilt's sich zu wagen!

– ganz und gar; und wag zu fragen,
ob ein andrer, fremder Sinn
… uns sucht: um doch kaum zu tragen,
eh', was nie verloren schien,

wiederkehrend … nach uns greift,
um- und umkehrt; alles wendend,
… und, sein schmales Leben endend,

man sein längst zu enges Haus
flieht: bis auf dem Weg hinaus
– jäh dich großer Atem streift.

1. Januar 2015

Eines Nachts im Regen
bin ich aufgewacht;
unter tausend Tränen
– hab ich dein gedacht:

deiner grauen Augen,
… und im späten Wind
wein ich um dein … Lächeln
mir die Augen – blind.

1961

AN DEN MOND

1

Mondlicht: mir Leiter
tief in die Nacht?
… Führst du mich … weiter,
– nimm mich in Acht;

laß nicht geschehn,
daß ich mich sorgen
muß! – zu verstehn,
was unbesehn
trägt, bis der Morgen

neu nach uns greift:
es wieder gilt,
klar zu erfassen
– ganz sich zu lassen,
nichts bleibt als Bild,
… schon im Verblassen
von uns gestreift.

1961 / umgearbeitet u. erweitert 21. Juni 2019

2

Der Mond mein Spießgeselle;
er treibt mich durch das Meer
der Nächte vor sich her,
damit ich ihm erzähle,

– bis wir die Rollen tauschen,
weil ich … vergessen will,
wie matt mein Tag und schwül
versank in vagem Rauschen,

das nicht mehr aufnahm, – trug,
was langsam, Zug um Zug,
… sich wegnahm vom Gesicht

– der Liebe: leer geworden
von allen unsern Orten,
… verdämmernd wie sein Licht.

Juni 1977

3

> Sich von allem befreien, was einem
> Sorge macht …
> Aber wenn man die ganze Wahrheit
> erkennt – was dann?
> *Lew Tolstoi*

Silberne Sichel des Mondes,
samtene Stille der Zeit:
zeigt mir noch etwas Bewohntes!
… oder es täte mir leid,

daß ich in all diesen Jahren,
euch nur … und nicht auch der Nacht
vielfache Stimmen bedacht,
sie jäh – bestürzt zu gewahren,

seit, was so klar war, nun fahl
wegsinkt; dies Weichen so kalt
abläuft, daß nirgends mehr Halt
ist … und nichts bleibt als die Qual,

– abseits und einsam zu sein:
und nur mir selber zu gleichen;
kaum je hinüberzureichen,
wo sich, gelöst wie von Wein,

Lippen und Zungen nicht scheun,
Dinge beim Namen zu nennen,
die sich so wiedererkennen:
und des Erkanntwerdens freun;

… ob auch versunkene Tage,
nochmals erinnert, verstören,
was wir viel leichter verlören,
wüßte man: nichts bleibt bloß Frage,

– doch eine Antwort, die gilt,
gar das geheime Entsetzen
mancher mit Hoffnungen stillt,
würde uns tödlich verletzen.

14. Oktober 1980

> Um mich kurz zu fassen: Mir erschien damals in einer Art von andauernder Trunkenheit das ganze Dasein als eine große Einheit: geistige und körperliche Welt schien mir keinen Gegensatz zu bilden … und in aller Natur fühlte ich mich selber … Oder es ahnte mir, alles wäre Gleichnis und jede Kreatur ein Schlüssel der andern, und ich fühlte mich wohl [als] den, der imstande wäre, eine nach der andern bei der Krone zu packen und mit ihr so viele der andern aufzusperren, als sie aufsperren könnte. – … Aber dergleichen religiöse Auffassungen haben keine Kraft [mehr] über mich; sie gehören zu den Spinnennetzen, durch welche meine Gedanken hindurchschießen, hinaus ins Leere …
>
> *Hugo von Hofmannsthal*

So viele Worte!
in Dur und Moll
– und jedes Lächeln
der Tränen voll;

mein Schritt – Verhängnis,
dein Kommen … Gehn:
und nirgends Hoffnung,
… je zu verstehn?

1966

Dass du noch immer nur dies eine liebst,
das abgrundtiefe, mitleidlose Leben!
– wär's nicht längst Zeit, gehörig abzugeben?
… auch wenn, was du so ungern weitergibst,

sich kaum herunterspielt, nie untertreibt,
spürt man sich's selbst noch wie … im Nichts – verstreben;
als trüg' noch ein schon letztes Sich-Erheben:
drin man sich solchem Augenblick verschreibt

mit List und Tücke; einem Schuß Gewalt,
wo unsre Hände bald nichts mehr verwalten
vor immer ungewissem letztem Ziel

: das plötzlich aufreißt, … als sei's nichts als Spiel,
das sich mit uns nur flüchtig unterhalten
will – und schon formt zu anderer Gestalt.

23. Januar 2003

II

Zwischenstück 1:
… als sei’s genug, still seines Wegs zu ziehn

Einmal die Stunde, die vieles
weich ausklingen läßt … und vergessen,
zerfließen, was wir, – uns zu messen,
verfolgen im Dunstkreis des Zieles

und Nebel noch anderer Art;
uns, die wir nie ruhten noch säumten,
zum – Meer werdend auf kaum geräumten
Geländen: verscholln rasch die Fahrt,

verweht all das Mühen, vergebens,
was man stets zurückläßt als Glück
zu lange behüteten Lebens;

– bleibt man auch, … selbst sinkend, trotz Stück-
werk immer nur möglichen Gebens,
… Garant für ein fremdes Geschick.

August 1976

Find ein Lächeln, das mich liebt!
(und nicht allzu leise ...);
weißt ja, daß es Scherben gibt
fast auf jede Weise.

Spürst du, daß ich glücklich bin
heute (... gestern, – morgen?),
... lös auch dich mit Herz und Sinn:
– stirb gestorbnen Sorgen!

1964

FÜLLE DES SOMMERS … Weicht nun unsres Schweigens
Meer dem des Reifens, ist da jäh der Klang
– härterer Saiten; dich packt des Sich-Neigens
Ahnung, daß, was uns noch hält, schon – zersprang.

… Muß so stets weiterem Werden sich Weichen
dessen, was geht, geselln, … treibt's vollem Glanz
zu doch nicht, eh' auch wir selbst – *beidem* gleichen
: werdend verbrennend, auflodernd und ganz.

August 1975

LETZTER ROSEN STILLES BLÜHN …,
schneedurchwehter Winterwald,
… warmen Blicks das Menschenauge
– daß dies alles uns doch tauge,
unsre Strecke Wegs zu ziehn:
bis der Schritt in sich … verhallt.

26. Oktober 2012

Und wieder ein Tag wie so viele
mit Krähen am Himmel, verweint;
... noch spürst du die gestrige Liebe
im Wind, der Verlornes durchstreunt,

zäh sucht – nach den Vögeln, die zogen,
seit träger das Blut in uns rinnt
– und stockt: weil sich, sinkend, der Bogen,
des Jahrs, drin noch manches erwogen
wird, ... unser bald nicht mehr entsinnt.

1962

MEIN TAG: ein dürrer Pfad,
mein Herz – ein Flammenmeer,
das brennt von früh bis spät
sich an … Vergessen – schwer;

versetzt den leeren Baum
… in eine andre Zeit
– wirkt über Jahr und Tag
auch mir ein neues Kleid.

1964

Längst mahln des Lebens Mühlen
(und ohne Unterlaß),
was selten allzu blaß
blieb, aus zu nicht mehr schwülen,

verzehrenden Gefühlen
– von Liebe frei und Haß
im Herzen stehend, das
von nichts mehr aufzuwühlen

ist: endlich mit sich eins,
bald Mitte – andern Seins;
… doch leichte Finger rühren

an etwas, … kaum zu spüren
: und ganz nur auszuräumen
wenn wir – uns selbst … versäumen

23. Januar 2003

MEIN SCHRITT – SO MÜD,
das Herz schlägt matt
– ein Baum verliert
sein letztes Blatt;
den letzten Tag
der Herbst, … das Jahr:
das Maß ist voll
… und nichts mehr wahr.

1961

WERD SELBST GANZ HERBST; laß auch in dir
dies Gehn zu! … und der Blätter Treiben
dich dem Verschwinden … einverleiben
im restlos ausgefegten Hier

und Heute, drin die Welt sich schier
um – alles bringt, sie … selbst zu bleiben:
und nicht verstört daran zu reiben,
daß – nichts bleibt, außer dem, was wir

mit – unsern Händen halten müssen,
es zu bewahrn vor all den Winden,
dem Ansturm einer tauben, blinden

Gewalt, die roh nach allem greift;
ins Herz dringt, das, schon überreift,
noch träumt von Liebe und von Küssen.

23. November 2004

REISELIEDER

1

Geh den Weg, den jeder geht,
geh! – doch bleib allein;
was dir auch zur Seite steht,
starrt wie kalter Stein,
von des Lebens Trug umspielt
… ohne Unterlaß
– geh! … bis dir dein Gehn zum Maß
wird: wo nichts sonst gilt.

1963

2

Ich trudle in den Abend –
das gute Spiel der Zeit:
die Stunden, die versinken,
begraben Freud und Leid;

… versehen meine Liebe,
in der ich glücklich bin,
– mein Leben … eine Weile
mit einem andern Sinn.

1964

3

Abend, lau und leise
– niemand bricht den Stab;
ersten Nachtwinds Reise
tritt mich an, … als hab'
ich nicht mehr zu wählen:
jäh am Rand der Zeit,
– aus der sich's zu schälen
gilt … und nicht zu quälen
– frei von Freud wie Leid.

1967 / umgearb. 10. Februar 2022

4

Der Sommer geht
– nun geh auch du:
verschweig den Weg,
… doch wink mir zu!

Laß los, was war,
… und bleib mir gut;
verlier dich ganz
– sei auf der Hut!

1963

Gewinnen oder verlieren:
Was ist schlimmer?

Laotse

VIERZIGSTER GEBURTSTAG

Wieder ein Jahr verstrichen
– vorbei eine Ewigkeit!
Dicht aneinandergereiht
sehn sie mir zu: leicht verblichen

wartend, daß etwas geschieht;
... manche schon fahl, wie in Fetzen
– dennoch bereit zu ersetzen,
was stets noch ... aussteht: und riet

keines dir, – dich zu verschweigen?
... wenn, sich bald lichtend, der Reigen
schließlich zu jenen gesellt,

die dir als Heimstätte zeigen,
was, uns nie wirklich erhellt,
stumm in sein Leerwerden stellt.

10. November 1979

III

Und unsre Füße schreiten, als gingen sie allein

IMMER auf der Suche
… und noch stets genarrt,
schlug nicht viel zu Buche:
blieb mir auch erspart,

mich in leerem Treiben
oder bloßem Träumen
schließlich … aufzureiben
– oder zu versäumen

auf oft banger Fahrt
reichlich wirren Lebens;
… und man fragt vergebens

– nach dem Schluß: klingt leise
sie nun aus – die Weise
letzten Widerstrebens.

April 2020

Lieg nun nach halbdurchwachter Nacht
in einem grauen Morgen
– das Herz von tausend Sorgen
bleischwer, schier krank gemacht;

… und war doch alles gut
noch bis vor zwei, drei Jahren:
als plötzlich zu erfahren
war, daß man längst schon auf der Hut

hätt' müssen sein – vor kalter Schwere,
… die unaufhaltsam heitre Leere
verdrängt, … bis auch ein letzter Ort,

der blieb, unmerklich sich verliert,
– das Blut in uns gefriert
: nimmt alles sich so fort.

14. Oktober 2021

So viele Menschen wandern
den gleichen Weg wie ich:
wohin? – unweigerlich
sieht keiner mehr den andern

sobald wir weit genug
sind, uns ein Ziel zu setzen,
– nun eilen, hasten, hetzen,
ganz Eifer, List, Betrug;

… und bleiben, die wir sind
– allein, … nimmt doch kein Wort
der Freundschaft uns je fort

aus unsrer Einsamkeit
– so leer und endlos weit,
: als flöh' sie selbst der Wind.

29. September 2021

MAN LIEBT MIT HERZ, GEMÜT – Verstand
ist eine andre Sparte,
… und weil ich mich zu nüchtern fand,
ward ich zum Narrn … und warte
noch immer, daß ein Lächeln käm'
und nähme mich gefangen:
mich von mir weg ganz zu sich nähm' …;
– doch wie hier … fortgelangen?

1968

Eine winkt; doch alle wahrn ein Schweigen,
das dich werbend, drohend – greift und wägt:
und ist wie aus hartem Stein gesägt,
dessen Adern sich so dicht verzweigen,

daß du fragst, wie man dich je dabei-
haben könnte für die weitre Reise
– wär' noch Platz für Bahnen oder Gleise,
denen folgend du so vielerlei

Ziele angingst? … wie sich dir entzogen:
als dem ständig neu gespannten Bogen!
… der von seinen Pfeilen kaum je weiß,

wo sie blieben; … und siehst quälend heiß
einen in des Schweigens Bannkreis stecken
: und sein Drohn dich wenden ins – Erschrecken!

August 1976

Lass das Erwähnen
des Hier und Jetzt,
nimmst du entsetzt
wahr, was in Tränen

haust zwischen Strähnen,
sternglanzbenetzt;
… bleibt doch zuletzt
nur wirren Mähnen-

spiels – Sturz: und blutet,
Angst atmend, – Grauen
gähnenden … Nichts,

spielend um Brauen,
mondlichtumflutet
– ›Ort‹ des … Gerichts?

30. Januar 2003

Sachte Schritt für Schritt:
schweig – und sei kein Narr!
… Alles wandert mit,
was auch immer war,
ist, … von neuem wird,
ständig wiederkehrt,
– und das Herz beschwert;
doch im Wolkenbrand
über anderm Land
kaum noch sehr beirrt.

1960

LÖS NUN DIE LEINEN! … und laß treiben,
was ziehen will mit großer Flucht
– längst Motto und voll ausgebucht
von all den ungerührt zu bleiben

nicht mehr Gewillten … im Sich-Reiben
an – fremdem Vorsatz: der sie sucht;
nach ihnen greifend voller Wucht,
… als wäre plötzlich einem Schreiben

von – Unbekannt zu folgen, das,
bedachtsam Wort zu Worten fügend,
erfindend zu dem Seinen macht;

dein spottend: ohne Unterlaß,
wie sehr du dich auch stets in Acht
nimmst, dich aus deinem Leben drückend.

2. November 2006

NUR EIN LÄCHELN KANN GESTEHN …,
– bloß ein Lachen kann uns heilen
von den Worten, die wir feilen,
wägen, wenden, drehn und drehn,

bis sie ziellos untergehn;
neigt bar deutlicher Gebärde
doch kein Blick sich unsrer Fährte:
… Nur ein Lächeln kann gestehn.

1964

»LANDSCHAFT«

Die Menschen wundern sich:
die Welt, so voll, wird … leer
– man kommt von ungefähr
und kennt nicht einmal … sich,

sich – selbst; die Zeit steht kalt
und hart in den Gesichtern,
die gleich erloschnen Lichtern
vorzeitig müd und alt

sind; und nicht einer, der
dazuzulernen sucht,
… sind wir doch auf der Flucht:
wohin, – fragt keiner mehr.

1967

Manchmal wird der Tag so spröde
wie ein altes, müdes Glas;
rührst du dran, sind's fremde Töne:
die erzähln – wer weiß schon, was …

Kinderaugen aber – sehen,
– was uns, kaum daß es beginnt,
mit dem Traum vom großen Heute
… in ein Scherbenspiel zerrinnt.

1960

KORRESPONDENZEN?

1

Und er kehrte bei sich selber ein
aus der Stürme ungestümem Toben:
unentwegt das Unterste nach oben
kehrend im ihm nie gewissen Sein,

– das jäh aufbricht wie ein Urgestein
andrer, fremder Art, … noch kaum gehoben;
ahnungslos beiseite stets geschoben,
… da er, fiebernd suchend, nicht herein-

fand in seines Daseins vagen Schrein
– schon so lange jener Stunde harrend,
in der sich des *Lebens* Tür ihm knarrend

öffnet: und die Hände endlich fassen,
… was sie, leergeschenkt, erst wieder lassen,
zwängt kalt – Abschied sich ins Herz hinein.

17. November 2004

2

Doch sie kam für eine Weile
aus der Mitte ihrer Freude
unter alte, müde Leute,
die sich Zeile nun um Zeile

… abziehn aus des Lebens Eile,
seinem übervollen Heute,
– was sie akzeptiert: denn reute
bald schon, … böt' die ihr noch heile

Welt nicht länger freiem Lachen
Raum, – droht *allen* erster Frost
jäh; und zählt dann andrer Trost,

… ob auch manche im rasch schieren
Untergang, nah dem Erfrieren,
– sich erst voll zu Glut entfachen.

17. November 2004

> – da kam auf der Straße wirklich etwas
> auf ihn zu, doch er bemerkte es nicht;
> und die Stille und die weite, unbetretene
> Schneefläche schienen seine Einsamkeit
> einzuengen und berührten sein sehn-
> süchtiges Verlangen mit der Kälte der
> Verzweiflung.
>
> *George Eliot*

WAREN MEINE SCHRITTE
STETS NACH DIR VERLANGEN,
bin ich so der Wege
viele schon gegangen.

Alle führn zum Ziel?
… Jeder nähm' sein Ende!
Aber, ach, der eine,
– daß er sich noch fände …

1961

IV

Zwischenstück 2:
– und nie genau zu wissen, wo, wohin!

<MODIFIKATIONEN STETS AKTUELLER ALTER THEMEN I>

1

Vorgefühl! … Was bleiben wird,
muß versinken in der Trauer;
doch als kalter, harter Schauer
ein Impuls, der irritiert,

… unser Herz verwirrt: das friert,
lag's zu lange auf der Lauer
– erst das Bröckeln solcher Dauer
zeigt, was dir entgegenirrt,

-huscht von jäh gefallnen Mauern
: und an tief Entsunknes rührt
auf der Grenze, wo wir kauern;

… und nun anders trägt und führt
– quer zur Zeit: mit ihren Hauern
prüfend, … ob man sie noch spürt?

24. Februar 1981 / überarb. u. erw. 14. Juni 2018

2

Auf dem Weg der Mitte
werden Herzen kalt,
hallt im Klang der Schritte
dumpf Vergessen, … bald

auch, bloß vag, ein Ahnen,
daß, was so zerrinnt,
… unter andern Fahnen,
– noch einmal beginnt;

noch und noch vonstatten
gehn wird, – nie zu gehn,
… wo, den eignen Schatten
zum Idol ersehn,

Schemen, selbstvergessen,
sich nur flüchtig quäln,
eh sie, wie besessen,
– als sei nie zu wähln,

in stets wilderm Tanz
ein Phantom umkreisen
: seinem leeren Glanz
nicht mehr zu entreißen.

1966 / erw. 5. April 2016

… niemand auch konnte dem übermächtigen Drang widerstehen, umherzustreifen, auf der Suche nach etwas vollkommen Gutem, einer kristallklaren Kraft; etwas, was nichts zu schaffen hatte mit den bekannten Freuden und vertrauten Tugenden, auch nichts mit den Vorgängen häuslichen Lebens: einsam, hart und hell sollte es funkeln wie ein Diamant im Sande …

Virginia Woolf

WAS WIR WOLLEN? Nur das Beste!
Weniger ist nie genug –,
ist nicht mehr als Selbstbetrug:
Selbstbescheidung, die das Feste

festhält … und darüber vag
bleibt; sich zwar auch andrer Tönung
öffnet, aber der Gewöhnung
bloß entzieht, … uns wie ein Tag,

leicht und lind, den jäh ein Hauch
Frost berührt, in Dunst und Rauch
zu verlieren; – ach, wir greifen

stets daneben, gehn, ja streifen
kaum den Weg: den zu durchmessen
heißt, sich – selbst ganz zu … vergessen.

Juni 1976

SCHON WIRD ES KÜHL UND KÜHLER,
der Abend zum … Gedicht:
geheimnisvoller Fühler
des Worts, – das niemand spricht;
– des Munds, den keiner will,
… rinnt Regen ohne Ende
durch leergeschenkte Hände
: als hielt' man noch zu viel.

1961

VON DER GANZ ALLTÄGLICHEN LIEBE

1

Sanft fließend (kaum geheuer,
wie manches, das gelang)
ist nun dein leichter Gang,
… und bleibst du ein noch scheuer

Gast – was mein Herz betritt
(… bis wir uns nicht mehr spüren
in Gluten, – die zu schüren
wir einem letzten Schritt

– verwehrn), … läßt durch dein Schweigen,
die Fluten weiter steigen
zu wild bewegtem Meer;

bald nur noch zu bezähmen,
indem wir Abschied nehmen
: zu kühlrer Wiederkehr.

Juli 1976

2

Wurden die Wangen milder
oder weicher das Licht?
… Ist's noch dein Wort oder nicht
mehr, als im Stranden der Bilder

nun zu mir kommt? – leichte Barke,
deren kaum merkliche Fracht
sich in verschwiegener Nacht
löscht: ohne Scharrn einer Harke

– Aussaat des Monds, … von der nichts
aufgeht als deines Gesichts
dunkel erblühende Narben;

schüchtern im Goldmeer der Garben
reifend, … als sei's des Verzichts
Dunstkreis, drin andere – starben.

Juli 1976

3

Was gliche einer Liebe,
der Zeit und Raum zerrann
… und (weiß man auch nie, wann)
der ganzen Welt Getriebe

– belanglos ward?! … als riebe
sich nichts mehr von ihr an
noch anderm: abgetan
als leeres Wortgestiebe!

… in leichtem Wind, der geht
und über Nacht verweht,
was kaum Erinnern bleiben

wird; auf des Abends Scheiben
verblaßt: … sich ohne Winken
– in andern Raum zu klinken?

1. November 2004

WER WÖGE WOHL DEN WIND …?
Doch jeder wägt den Sinn
der Worte, die du sprichst:
und sagst sie leicht dahin;

und manchen, der sie hört,
hältst du so lange hin,
… bis einer sich – dran hält,
– beschwert, worauf er zählt,
auch bald den leichten Sinn.

1966

Aus purem Lebensüberdruss
geschah mir, was dem folgen muß.

Nun einsam, nichts als Herzeleid,
frag ich nach wieder andrer Zeit.

… Hielt mich nicht Liebe an der Hand
– und allem um mich zugewandt?!

– ein Immer-Wieder! Nie-Vorbei?
… verlor sich's doch im Einerlei,

das sich mir fahl zu Füßen legt:
verschattet, vag, nicht mehr gepflegt;

nur in des Mondscheins kaltem Licht
zuweilen, … flüchtig, – dein Gesicht.

17./18. März 1991

VERKEHRTE SONETTE II

1

> Sie gehen wie einer, der den Weg verfehlt: je weiter der geht, um so mehr geht er in die Irre. Aber, was soll er denn tun? Er soll zuerst sich selbst lassen, dann hat er alles gelassen. Fürwahr, ließe ein Mensch … die ganze Welt, behielte aber sich selbst, so hätte er nichts gelassen. Läßt der Mensch aber von sich selbst ab, was er auch dann behält, sei's Reichtum oder Ehre oder was immer, so hat er alles gelassen.
>
> *Meister Eckhart*

Wärme, Licht, von weit, weit her
angelangt, sind bloß noch Schwüle,
die das Lasten der Gefühle
drückend macht; – und jäh zu schwer,

wenn in ihnen Bilder kreisen,
die uns unsre Träume ließen:
lose Spreu auf starren Fliesen,

… deren Mosaik zerrinnt,
weil man nie den … Punkt gewinnt,
der dem Schwimmen unsrer heißen

Augen, die sich sonst nicht fassen,
– Halt böt', … würde, was sie finden,
ach, vielleicht sogar ergründen,
uns nicht Grund, – sich selbst zu lassen.

Mai 1976

2

Der Abend kommt wie du:
sich einmal mehr verspätend
und flüchtig bloß errötend,
zeigt sich schon ab und zu

nicht länger volles Licht,
das … voneinander trennte,
– was sich nun finden muß;

… ist auch nichts außer Flucht
im Blick: der forschend sucht
nach stets schon nahem – Schluß,

der wieder nur, … als fände
sich anders nie ein Ende,
den muntern Zeilenfluß
des Tags – in Stücke bricht.

15. Juni 1987

UND DEN EINEN GIBT DER HIMMEL
TRÄUME, – wie den andern Licht;
sind die einen doch im Dunkeln,
– und die andern träumen nicht:

jäh vergessend, was sie sind,
zählt der Kuckuck ihre Tage,
… und stelln Kinder eine Frage,
weiß die Antwort nur … der Wind.

1962

V

Wenn sich's im Herzen regt,
als sei es ihm bekannt …

NOCH IST DER SOMMER LEUCHTEND DA,
und fließt doch Herbst mir längst im Blut
– wie sich das nun zusammentut,
rückt Nähe fern und Ferne nah

… und mit ihr – du: mir jäh vertraut,
nicht nur im Wesen; all dein Sein
tritt machtvoll an und bei mir ein,
als sei da bloß noch eine Haut,

ein Leben bloß, drin voll zu stehn
bedeutet, daß zugleich auch klar
wird: nur, was irgendwie schon war,

… kommt kurz zu uns, wo sich verliert,
was fließen muß, … bis wir, verwirrt,
– am Ende erst vorm Anfang stehn.

23. September 2005 / umgearb. 22. Mai 2017

HERBSTLICH bunte Blätter –
alles will ich sehn:
Wolken, die am Himmel
… in den Augen stehn,

bunt … ein warmes Fließen
vor des Winters Drohn
– sommerschwere Träume;
fern noch Spott und Hohn.

1963 / überarb. 8. September 2020

DORT SUCH MICH NICHT, wo Worte ihres Hasses
verlustig gingen und, behutsam tastend,
kaum noch berühren, niemand mehr belastend:
nichts als der Schatten einst'gen Übermaßes

an selbstgewissem, frechem Übermut;
der andern Seite gierigen Verschlingens
und unentwegten in Verborgnes Dringens:
nie ganz gesättigt – doch dem fremden Blut,

das heftig aufwallt, frei und ohne Tücke
begegnend, – sucht sich, was sich wieder trennen
wird, … nochmals nichts als nur sich selbst zu kennen,

– bis, heiß umkämpft, sich plötzlich eine Brücke
schlägt: letztem Einssein zu … uns eine Hand
… hinüberführt wie in vertrautes Land.

Juli 1976

VIELE WORTE …; – eines,
das mich doch berührte,
macht mich stumm und … blind

– in dem Meer von Farben,
die mich wild umwogen
und beinah – ertränken,

… spür ich deine Lippen,
aufgeschürzt zur Freude
: und bedacht zu schweigen.

1968

Sie malen Bilder
in Blau und Gold
… um eine Sonne,
die – ewig rollt;

den Augen Blickfang:
nicht mehr zu sehn,
– wie tief im Herzen
die … Schatten stehn.

1966

NUN LASS von all den Bildern
die wir zu lang besahn,
… das Jetzt gemach verwildern
und sich der Stunde nahn,

– die keiner stoppt; ihr Kommen
ist wie ein fremder Duft,
der nach uns greift – vernommen
als etwas, … das kurz ›ruft‹

– und weiterzieht: ein Gehen,
als zög’ ein später Wind,
wo wir stets harrend stehen;

… und wehte lau und lind
durch unser banges Sehen
: bis uns das Blut gerinnt.

Februar 1976

Wer war in deinen Haaren?

… Der Wind – und nur der Wind,
verschwiegen, ohne Namen,
– die doch nur Lüge sind

– Trug bloß: dir flüchtig schmeichelnd,
rasch spurlos zu vergehn;
… und nicht in Haaren haftend,
die leicht im Winde wehn.

1959

UND TRÄFET IHR DEN RECHTEN AUGENBLICK,
das, was bewegt, entsprechend mitzuteilen
– wo fänd' es bei uns je in ein Verweilen?
... Und doch baut jede Rede aufs Geschick,

den anderen an einem Punkt zu treffen,
der sich, ... ganz unerwartet, gleichsam – dehnt!
... ziehn, kurz nur angesprochen, kaum erwähnt,
Gedanken, deren Segel nicht zu reffen

sind, ehe die stets ungewisse Fahrt
in Räumen endet, die wir nie zu fassen,
geschweige denn je zu erfahrn vermögen;

– es sei denn, unter schmaler Brauen Bögen
führt die noch *andere:* auf deren Straßen
dann nichts mehr gilt, als bloße Gegenwart.

2. März 1998

WORTE SIND'S, KEINE TAUBEN
– doch die Schwingen, den Flug
läßt sich die Liebe nie rauben:
wär' auch dein Lächeln nur … Trug.

Mehr als solch Lächeln ist selten;
meist bleibt's bei Flattern im Wind,
… mag auch einstweilen schon gelten,
was, sich – entfaltend, … zerrinnt.

1964

BIN ICH AUF GEWUNDNEN WEGEN …

1

Bin ich auf gewundnen Wegen
– allzu Gradem knapp entgangen,
… doch noch tief in dem verfangen,
was energisch – auszufegen

bleibt, kommt mir höchst ungelegen,
um das späte Licht zu bangen,
das sich, müd um deine Wangen
spielend, wegnimmt unterm Regen,

der wie aus dem Nichts zu fallen
scheint; sich mit den Tränen mischt:
bis das Leid … wie Trug erlischt,

… wiegt der windbewegten Wälder
Bunt sich, Abschied winkend, kälter
– heiß sich uns ins Herz zu krallen.

29. Oktober 2006

2

Bin ich auf gewundnen Wegen,
wo noch viel nach mir zu langen
droht, wähn ich mich mitgegangen,
... ungewissem Ziel entgegen

längst schon grenzenloser Flucht,
– und das Herz wird weit und still,
weil es nichts mehr kann und will,
als Geleit gewähren, ... sucht

Abschied ganz ins wilde Treiben
mitzureißen, letztem Bleiben
– fristlos Schluß; denn es beginnt

nun ein – andres, spielt im Wind,
... geistert aus Kartoffelfeuern
traumwärts: neuen Mut zu steuern.

20. Oktober 2004

Das alles ist vergangen
... und war doch einmal wahr:
dein Lächeln, leicht verhangen,
dein windzerzaustes Haar;

die Lippen, die mich küßten
und manchmal Worte liehn,
die meiner Träume Wüsten
– in fremdem Glanz durchziehn.

1963

Genaugenommen war das gar kein Traum, es hatte sich wirklich zugetragen, war aber so qualvoll lange her, daß ich es als altes, zuweilen wiederkehrendes Traumbild empfand …

Schwer zu sagen, in welcher Jahreszeit das war. Ja, war das überhaupt? Und wenn, so in welcher Dimension?

Zeit ist eine sonderbare Substanz, die nicht einmal in philosophischen Handbüchern selbständig erscheint, sondern immer mit dem Begriff Raum gekoppelt wird.

Es wird behauptet, man könne nicht gleichzeitig in zwei Welten leben, in der wirklichen und in einer eingebildeten. Wer das eine und das andere möchte, der erleide Fiasko. Ich bin überzeugt, daß *diese Behauptung* irrt. Fiasko erleidet, wer ausschließlich in einer dieser beiden Welten lebt; er bestiehlt sich selbst, da er um die gute Hälfte der Schönheit und der Weisheit des Lebens kommt.

Valentin Katajew

BILDER EINER ANDERN ZEIT
ODER
DES EWIG GLEICHEN PERMANENTE AKTUALITÄT

1

Altvordere
bzw. einfach nur:
Mahnende Vorbilder

Sie stehen meist in falschem Licht,
bemerkt man, selten gut getroffen
auf Fotos, … und räumt dennoch offen
ein: anderer bedarf es nicht,

weil jeder, der zu sehen weiß,
schon lange wünscht, – wär' so auch ich!
… so fahl, ja welk, fast jämmerlich;
wie eingepfercht in einen Kreis,

– den nichts durchbricht von all dem Tand,
der uns umtost im Wust der Welt,
sich auf uns legt zu falschem Glanz,

als Lack: erstickend, was sich, … ganz
auf nur das nacktes Sein gestellt,
erschließt wie – jungfräuliches Land.

Januar 1977

2

Ein Prophet
– doch evtl. nichts als
Die Stimme unseres Gewissens

Er würde vieles nicht verstehn
und manches voller Zorn zerreißen
in jener Luft, die uns verheißen,
… und deren wir verlustig gehn,

wenn unsrer Schritte Maß zerfällt
zu lauer Selbstzufriedenheit:
die lustlos aneinanderreiht,
was uns als hohle Phrasen quält,

… bis eine allzu rasch zerrinnt;
wir leer von allen Worten sind
– doch Täter dessen, was er schrieb,

weil das, was stets noch … offen blieb,
– geschrieben wie von seiner Hand,
den Weg aus – unsern Herzen fand.

Juni 1977

3

Chilenische Exilanten
– wenn nicht noch eher:
Von ewiger Heimatlosigkeit

Und sie bezeugen nichts
als Hoffnung – sie als Schale
umschließend wie Kristalle
still wachsenden Gewichts

Verheißung, die stets trug
– und weiter trägt: zu dauern,
bis ihrer Tage Trauern
versinkt, – weil sie genug

ertrugen; und zuviel
an Leid, je zu vergessen,
was Spätre kaum ermessen,

… winkt auch als fernes Ziel,
sich andern mitzuteilen,
als sei's, … geteilt, zu – heilen.

Mai 1977

4

Der Vollstrecker
oder
Nicht bloß Legende

Am Brunnen, der uns heilig dünkt,
entrolln sich Bilder ohnegleichen,
die tief in jene Zeiten reichen,
aus denen bloß noch spärlich dringt,

was des Vergessens fremdes Gras
nicht mehr bewegt, … sucht auch zuweilen
ein Windstoß etwas mitzuteilen,
das unsrer wirren Tage Maß

stets … offenließ; man fragt: wofür,
– als kenne man sich selbst nicht mehr
… und ahne nur, daß irgendwer

längst unterwegs ist, seinen Schritt
schon andre teiln, – man selbst bald Tritt
faßt … vor der Zukunft offnen Tür.

Januar 1977

VI

Zwischenstück 3: Vielleicht nicht einmal wissend, wer da unterwegs war, – ist

ORTSBESTIMMUNG

Formen, – wechselnd, … sich verlierend
wie die Linien einer Hand
– plötzlich nicht mehr weiterführend:
unsern Aufenthalt gebührend
einzuschränken vor der Wand

einer weitern Illusion,
traumdurchwirkt; nicht zu vermeiden
als der alten Dimension
Fortbestehn in jenem Ton,
der als … Echo unbescheiden

vortäuscht, – was nicht länger ist,
weggesunken, abgebogen
… vor dem Ende, das *uns* mißt;
ob nun nichts als ein Gelüst
oder Hunger uns bewogen,

noch die Spanne Zeit zu buchen,
die uns angemessen schien:
und uns, unsres Lebens Kuchen
nicht nur flüchtig zu versuchen,
freistellt, sie zu … überziehn.

April 1977

Manchmal höre ich dein Lachen
aus der Ferne … wie im Traum,
ahn die leicht geschürzten Lippen
– ach, ich fand sie kaum!

Ist's noch – deiner Stimme Klang
oder nur der Wind?
… Lange lausch ich den Geräuschen,
ob sich eins auf mich besinnt;

spür, ich weiß nicht, was für Laute,
und die Zeit: die still verrinnt.

1961 / umgearb. u. erw. 21. Juni 2018

LEEREN SCHALLS EITLER WAHN

> Leben ist nur ein wandelnd Schattenbild:
> ein armer Komödiant, der eine Stunde lang
> sich auf der Bühne spreizt und fuchtelt, dann
> nicht mehr zu hörn ist; eines Narren Fabel
> nur ist es, voller Schall und Wahn,
> bar jeglicher Bedeutung.
>
> *William Shakespeare, frei übers. im*
> *Anschluß an die freie Übers. W. Faulkners*

Alle so wohlgemut,
noch kaum von Leid ereilt
– hab dennoch nicht verweilt:
wittere Blut, oh, Blut;

und war doch alles gut,
… bis sich die Zeit geteilt
hat: und uns eingekeilt,
– wo nun das Herz stumpf ruht,

von nichts mehr wissen will;
zieht längst ja angstvoll still,
leer auf stets leerer Bahn,

etwas wie Spuk und Wahn
… durch ein uns fremdes Spiel:
bald schon … sich selbst – zuviel.

27. Oktober 2004

Der Abend schwimmt uns zu
– sein Bug auf späte Beute
aus, … wogt doch in den Straßen
noch manches, was sich scheute,
sich klar im Licht zu zeigen;
nun langsam an Kontur
verliert: und kommt zur Ruh
… wie wir, – die nicht vergaßen,
müd unsern Blick zu neigen,
ein … Traumschiff zu besteigen
mit rasch verwischter Spur.

1965 / umgearb. 5. September 2020

Aber ich fühl noch die Worte,
musterlos, kalt nach mir greifend
durch das Gestrüpp toter Zeit,
– von mir bewältigt bloß mit
fremden, gespenstischen Wesen:
manche ganz schimmernde Haut;
andre nur damit betraut,
mich von den ›Rätseln‹ zu lösen,
die, … unser Sein kaum noch streifend,
zeigen, – wieviel uns verdorrte;
bleibt auch, schon wankend, der Schritt,
dem jedes Ziel längst zu weit
sein sollte (… trotz all der Orte,
die nur, wer, anders kaum reifend,
… findend – erleidet, betritt),
stets zu noch weitern bereit.

7. August 1993 / überarb. 10. September 2020

Wär das, was wir … vermöchten,
auf stets ein klares Ziel
aus, käme Ernst ins Spiel,
… selbst wenn wir nur vollbrächten,

– wonach die Stunde schreit;
… und ›müssen‹ uns verlegen
durch einen Raum bewegen,
der aneinanderreiht,

woran wir *uns* erkennen:
genormt nach einem Maß,
das unsern ganzen Haß

verdiente, … wären wir
– nicht *selber* auch *die* Tür
: durch die wir noch nicht können.

Juli 1977

LIEBESLIEDER EINES MÄDCHENS

1

Weil ich nicht lange bei dir bin,
verschweig ich meinen Namen:
und bleibe dir verwechselbar
mit anderen, die kamen,
als wir uns noch verborgen warn;
geborgen in der Ferne,
– an die du mich erneut verlierst,
… verweilte ich auch gerne.

1962

2

Manchmal wird mir sonderbar,
wenn ich dich so sehe,
– und ich wünsch mir mehr und mehr
nur noch deine Nähe;

nichts als manchmal einen Blick
und, – statt leeren Schwüren,
… ab und zu dein Lachen: mich
in ihm zu verlieren.

1961

3

<Den geliebten Menschen –
oder doch wohl Gott selbst meinend?!>

Alles bist du! ... und – zuviel
Wärme, ein festlicher Raum,
kerzengeschwängertes Licht;
ach, ich ertrüge dich kaum

... Liebe! – Als klaren Kristall
höb' ich dich freudig ans Licht,
strahlend ... und wiedergeküßt
jäh aus verlorener Sicht.

Denn Herz wie Hand sind zu klein,
kommt deine Nähe so groß;
– neige, ach neig dich herab:
Schatten dem schüchternen Sproß.

1963

4

Blätterleichtes Schweben
– in der Einsamkeit
hängen noch die Worte
eine – Ewigkeit

unentwirrt; … -vertauscht
treiben unsre Tage:
formen sich zur Frage,
… die der Herbstwind bauscht.

1965 / bearb. 4. September 2020

5

Bange Frage

Alles fließt … und alles schwindet:
Tage, Jahre, sie verrinnen
– ewig gleiches Neubeginnen;
… ob sich tief in unsern Herzen
jemals jene Liebe findet,
die, verschwiegen und verborgen,
Kummer überstand und Sorgen
und des Glücks geheime – Schmerzen?

1963

6

Andre, die mich küßten,
sprachen auch von … Treue
– erst der Liebe Wüsten
grenzen an die Reue

: und manch falscher Trost
bringt um jedes Morgen;
… laß sich andre sorgen,
wenn die Brandung tost.

1964

7

War ich leise, als ich kam,
bin ich leise auch gegangen;
– war doch, was man gab und nahm,
kaum mit Worten einzufangen,

… zieht auch manchmal noch, als Klang,
nur im Nachtwind zu gewahren,
was von unsern Lippen drang
: als sie ohne Lüge waren.

1962

Es kann nicht sein, … daß der Mensch jeden neuen Tag blind beginnt, ohne zu wissen, was mit ihm geschehen wird, daß er ihn ganz nach seinem Gutdünken verbringt, jede Minute frei entscheidet, was er zu tun und wohin er zu gehen hat … Ob nicht sein ganzes Leben von Anfang bis Ende in ihm vorgezeichnet ist, ob es nicht ein Gedächtnis in ihm gibt, das ihm hilft, sich zu erinnern, was zu tun ist? Auch wenn vielleicht manche ihr Gedächtnis nicht gebrauchen, ihm sogar zuwiderhandeln, ist jedes Leben Erinnerung an den von Geburt [an] im Menschen angelegten Weg. Welchen Sinn hätte es sonst, ihn in die Welt zu entlassen?

Valentin Rasputin

… noch immer werden Menschen vor drohender Zerstörung weggeführt; eine Hand legt sich in die ihre und führt sie sanft einem stillen freundlichen Land entgegen, so daß sie nicht zurückblicken; und es kann die Hand eines kleinen Kindes sein.

George Eliot

VIELES WÄR DA! … Wieso finden
wir höchstens uns; und selbst dies
selten? – So hoffnungslos gründen
wir bloß in uns!? … Doch verhieß

nicht, rasch verklungen, ein Lachen
aus längst vergessenem Mund,
daß erst, wo Worte zerbrachen,
– aufbricht: was plötzlich als Grund

trägt?! – trotz der stummen Gebärde
: die unser Leben zerbricht,
… hascht der Erinnerung Hand

(von der die Ewigkeit zehrte,
fänd' sie hinein ins Gedicht)
nach nichts als eignem Bestand.

12. Januar 1988

Der Schrei verhallt – doch meine Schmerzen blieben
als dieses Lebens letzter Aufenthalt,
von deinen Küssen wie ein Buch beschrieben,
das festhält und bewahrt, was doch schon bald
kaum noch ein … Blatt ist: nichts mehr fest verbunden;
verirrtes Segel, das der Wind verlor
– sich selbst verlierend in des Dämmerns Flor,
… aus dem sich Tränen stumm zu Kieseln runden.

1964

VII

Und ist alles nochmals voll zugegen

So wie der Herbst das Seine siebt,
um dennoch alles mitzunehmen
und unsern Kleinmut zu beschämen,
wirst längst auch – du von mir geliebt:

besorgt, daß, wenn der Funke stiebt,
nichts wegfällt vom mir Unbequemen
– imstand', das wache Herz zu lähmen,
… das, sichtend, schließlich wiedergibt,

auch was es Dauerns kaum für wert
erachtet; gar darauf bedacht,
selbst ihm ganz Fremdes mit in Acht

zu nehmen: heiterm Tausche zu,
in dem ihm … leicht wird, … weißt nur du
allein, wie man es neu – beschwert.

1. Dezember 2004

Liegt das Land bald nicht mehr nur
eingeschneit in starrem Schweigen,
steigt im Grau von leeren Zweigen
Rauch: zu rußig-schwarzer Spur;

… klarer lesbar erst, wenn wir,
fern noch von erfüllter Stunde,
in stets wachsendem Gespür
– nichts mehr sind als … von ihr Kunde.

Februar 1976

UND IMMER WEISS ICH DICH GELIEBT;
und lieb dich nicht,
wie reifer Herbst jetzt sichtet, siebt
in härterm Licht,
… sinkt mancher Tag
 als wär'n da nicht noch … Worte
: verschwiegen wie die Orte,
wo man sie – wag'.

1968

BANGEN HERZENS STILLER MUT

1
<Zur Besinnung nach freundlicheren Tagen>

Nun tapfer sein, greift erste Dämmerung
mit kalter Hand nach dir am Rand der Nacht:
erstickend an Kulissen … und bedacht,
– hereinzuziehn in dumpfe Einebnung,

die stumpfes Enden stolzen Anfangs ist;
und niemand, der zu sagen weiß, wovon:
so spurlos schwand, was, vag kaum noch ein Ton,
im Echo sterbend, sich doch mit dir mißt,

– hält dich auch, sinkend, einzig das Bemühn
um – Leugnung immer dichtrer Düsternis,
… durch die bald nichts als *solches* Währen treibt;

sich einem letzten Augenblick verschreibt,
… in dem, ein später Vogel, jäh Gewiß-
heit zufliegt, heiß und tief ins Herz zu ziehn.

15. März 2018

2

<Schwereren Tagen zur Ermutigung>

Nun tapfer sein in erster Dämmerung,
die dich befreit von traumbeschwerter Nacht,
fast berstend vor Kulissen: wie gemacht,
… sich quer zu stelln zu jeder Einordnung,

die nicht bereits im Anfang … Enden ist;
doch völlig löst, … weiß man auch kaum, wovon,
– wozu: wär’ da nicht vag ein erster Ton,
in dem ein Kommen sich am andern mißt

– und zu Begegnung wird: drin zu erglühn
bloß im Erinnern all der Finsternis,
aus der im Morgenwind jäh *Hoffnung* treibt;

fatalen andern Anschein kühl zerreibt,
… beginnt, ein früher Vogel, uns Gewiß-
heit in den immer klarern Tag zu ziehn.

5. März 2010

FRÜHMORGENDLICHE WINTERLANDSCHAFT

Wie gemalt von alten Meistern
steht der Wald und liegt das Feld,
– weiß und schwarz; dazwischen geistern
Schatten, von nur zögernd dreistern
Augen jenem Ton gesellt,

der noch unter schweren Dächern
schläft, … doch weiß in schwarz erblühn
wird: Gefache zu Gemächern
öffnend – weit sich aufzufächern,
… läßt ein Traum das Herz erglühn.

Januar 1976

Wer zählt all die tastenden Schritte,
wacht über rasch zielsichren Gang?
… Fänd' sich doch der Schlüssel zur Mitte
der Sehnsucht die Straße entlang …!

– und schließlich dein Lächeln, das kühle,
das jäh mich durchwärmende, … hellt
die Welt sich kurz auf; ach, und wühle
nichts länger im Wust der Gefühle
: bist du's doch, nur – du, die gefällt!

1967

Sag, wo sind nun – unsre Träume?
… seit wir selber wie ein Traum
stehn in heiß entbranntem Raum
letzter Landschaft; mahnend: säume

jetzt nicht länger, dich zu finden!
… einzubinden später Fracht,
allzubald, schon über Nacht,
eingefordert von den Winden,

die auf andern Bahnen ziehn,
als der Füße müdes Schreiten
– uns jäh über uns hinaus-

zwingend: hielt' man ein; und … aus,
was vor Augen, die sich weiten,
wächst und blüht – als fremder Sinn.

14. Oktober 2004

Sturmgrau der Morgen. Reißend im Wind
jagen sich Wolken und greifen sich blind
– jählings geballt
… zittert das Herz: und stellt sich der Fahrt;
Herbstwald ein Flammenmeer, Donner, der hart
grollt … und verhallt

… endet die Fahrt? – Doch reicht nicht der Tag
weiter, als man ihm zu folgen vermag?!
Dennoch gewinnt
man nur sein Dämmern, lockt wieder die Nacht
tief in ihr Reich: das uns, noch kaum erwacht,
– gleichfalls zerrinnt.

1959 / überarb. 23. Juni 2019

ABSCHIED HEISST JETZT DIE DEVISE

1

Abschied heißt längst die Devise,
ziehen aus Kartoffelfeuern
dünne Schwaden, nicht zu steuern,
in die dunkelnden Verliese

blanker Augen: einzutrüben,
was des Lichtes Flut einst floh
– heimisch bald im … Nirgendwo,
dort den – Untergang zu üben

tief im Herbst, der *aller* harrt;
kalten Blicks entgegenstarrt,
– hart hereinreißt in den großen

… Abgesang: dem letzte Rosen,
Astern spät die Stirne bieten,
… als sei gar noch nichts entschieden.

19. Oktober 2003

2

Abschied ist jetzt die Devise,
zieht, von keiner Hand zu steuern,
Rauch aus reifen Herbstes Feuern
in das gleichfalls Ungewisse

blanker Augen: heiß zu lieben
erst, seit Flucht bald *alles* wird;
– und was wie verloren irrt,
einbezieht in ihr … Zerstieben

unbekanntem Ziel entgegen,
das dem Herzen allerwegen
nochmals – Welt entgegenstellt:

kurz von einem Blick erhellt,
drin des Sommerausklangs Sterben
… uns umwirbt, – was zu … beerben?

30. Oktober 2006

> Das macht so schön die halbverwehten Klänge,
> So schön die dunklen Worte toter Dichter
> Und alle Dinge, denen wir entsagen.
> Das ist der Zauber aus versunknen Tagen
> Und ist der Quell des grenzenlosen Schönen,
> Denn wir ersticken, wo wir uns gewöhnen.
>
> *Hugo von Hofmannsthal*

FLIEDERFARBEN (weißt du noch
oder kränkt bereits die Frage?)
waren unsre ersten Tage;
warn es?! … Sind es noch! – Jedoch

unser Leben wandelt sich,
dich und mich. Und trieb im Flammenmeer so mancherlei zusammen,
… das meist nur vorüberstrich.

Strich? Ein … Punkt zuweilen kaum
blieb, was sich gern – ganz verlöre,
– böte unsrer Herzen Schwere
anderm Zugriff Zeit und Raum.

1967

Die Blätter greifen nach der Welt
und werden, in den Wind gestellt,
zu Segeln jener Schwere,
die blau in goldnen Stunden schwimmt:
und – uns zu ihrem Ziel bestimmt,
– in dcm sie sich verlöre …;

… hätt' nicht in rauchig-herber Luft
des Tags, … der nicht mehr weiterruft,
es damit sein Bewenden,
daß wir, – getrost des Wegs zu ziehn,
den man uns zuwies, uns bemühn,
die Zeit nicht zu verschwenden.

Juni 1977

MANCHES BLEIBT IN UNS VERBORGEN,
ob's auch heiß zur Lippe drängt;
denn zu tief ins Herz gesenkt
ist die Angst, daß uns schon morgen

kühl zu schierem – Nichts zerreiße,
– was man fieberhaft erwägt
… und dann doch beiseite legt:
wissend, daß es seine Kreise

gerne hin zu fremder Nähe
zög', aus ihr der fernsten Ferne
einzuschmelzen, was wir … wären,

– würde man sich los; und sähe
sich so schließlich seinem Sterne
… nah: und endlich zugehören.

11. Januar 1988

VIII

Zwischenstück 4:
Was wohl (man fragt vergebens, wer das mißt) noch etwas bleibt

VERSPRICH MIR NICHTS MEHR! Dieser Regentag
läßt mich aus schwüler Nacht ins Leere sinken:
ernüchtert, daß, was ich wie Tau zu trinken
versuchte, bitter-schwer auf Lidern lag,

die, müd sich schließend, mir, als letzter Beute,
Erstattung mit dem blanken Übermaß
gewährten, … das sich, ohne Unterlaß
mich noch umwerbend, fortnahm aus der Meute

jäh zäher Stunden – und darin auch mich;
nur um … erneut aus schon erloschnen Weiten
nach mir, als Arme, die sich freundlich breiten,

zu langen – für den einen Augenblick
: den jeder sucht, … gilt auch der Blick zurück
stets bloß der – einen, der sonst keine glich.

Juli 1976

Las ich eben, nur im Herzen wohne
Heimat, bräche bald mit ihm entzwei,
wiche dann dem grauen Einerlei,
drin Alleinsein triumphierend throne,

… weiß ich auch: nicht jeder fragt, was ohne
Zweifel währt, ist aus jäh und vorbei,
was kaum festzuhalten ist – den Schrei
harsch erstickend, der erheischt, verschone

– ein schon Letztes! … das uns, dennoch, bleibt,
still verblassend stets noch zu uns dringt;
sich entziehend uns erst – ganz gelingt,

wenn es tief sich ins Gedächtnis schreibt:
langend bis zu unsrer Herzen Fühlen,
es zu kühln bloß, … sie neu aufzuwühlen?

1. November 2004

Stürz, oh stürz nicht stets noch weiter!
... seit das Glück dich fallen ließ,
dich von seiner Leiter stieß,
die, schier endlos aufwärts, heiter

aufgetanem Aug' verhieß,
– immer tiefer im Gelände
deiner Welt zu sein: als stände
nichts entgegen; ach, verwies

man doch all der trüben Schwere
um und in uns, heitrer – Leere
Licht zu trüben: den Gedanken

... kaum noch Bahn, emporzuranken
zum nie mehr als ... Unwägbaren,
– uns von ihm her zu gewahren?

24. September 2005

⟨NUR EIN MÄRCHEN?⟩

Fahr wohl – und bleib mir wohlgesinnt;
und halt dich jähem Zuspruch offen!
… dir zugeflüstert von der schroffen
Geräusche müdem Wind, der, lind

ganz Abziehn, still … sich selbst entrinnt,
– wagt nichts mehr uns von sich betroffen
zu sehn, die wir bald nur noch Hoffen,
erwartungslosen Wartens Grind

auf einer Wunde sind: die heilt,
– wenn sich das Herz nicht mehr beeilt,
der Trübsal Fährte zu beschreiten;

sich wie im Traum der Ferne Weiten
um uns versammeln, fordernd rauschen,
… als wolle etwas mit uns tauschen.

2. November 2006

VON GEHEIMNIS UND VERHEISSUNG DES RESTS

1

Ohne Rest!? … sich gänzlich zu verlieren?
… wie ein Duft dich streift und hängt nicht lang im Wind,
Töne flattern, die ein Wandern sind,
Farben wechseln, ehe sie zerfrieren,

blätternd sterben; doch bleibt stets ein – Rest!
… wie im Währen so auch im Zerrinnen,
ohne Außen wie auch ohne Innen,
– dennoch etwas, das sich finden läßt

– und uns bleibt: ein Ende unserm Traum,
ab- und wegzufallen, spurlos zu verschwinden
wie ein letztes Blatt; du siehst den Baum

alles abtun: und, noch fiel es kaum,
schon verborgen knospen, neu sich finden
und noch tiefer in das Leben binden.

Oktober 1975

2

Weg sich duckend vor zu harten Schlägen,
sah er andre, deren zähes Kriechen
sich versteckte vor den wüsten Flüchen
jener, die sich, statt sich noch zu regen,

sicher wähnen, auf noch festem Grund
wurzelnd: der sie trägt; jedoch kaum halten
wird, reift Sturm jäh zum Orkan, – mit kalten
harten Fingern tiefer greifend und

fester, – bis er ausreißt und verstreut;
… und man, wie ein leerer Duft mit Winden
ziehend, bloß noch in sich … selbst zu gründen

scheint: des Ballasts ledig jener Rest,
der sich … nirgends länger orten läßt
– und entschlossen neues Wurzeln scheut.

Juli 1976

3

Nicht die abgestandnen Späße
noch das halb erfrorne Lachen
künden etwas von *den* Sachen,
die allein das Zeitgemäße

... *wären,* und doch niemals – sind;
auch nie werden, es zu – *bleiben:*
sich wie in ein Buch zu schreiben,
dessen Seiten sich geschwind

weiterblattern ohne Zahl,
– und wird so zu reiner Qual,
wenn wir, nahe dem Ersticken,

uns vom Ende her erblicken:
das, stets zweifelhaft, kaum ... ›Rest‹,
was auch war, ... verlachen läßt.

März 1977

Drum sorge nicht, ob du etwas verlörst.
Das Herz reicht weiter als die letzte Ferne.
Wenn du die eigne Stimme steigen hörst,
so singt die Welt, so klingen deine Sterne.

Rainer Maria Rilke

4

Wie viele wissen alles
von dem, … was nicht viel gilt
– ist, was die Herzen stillt,
doch erst der Klang des – Falles!

Und sind wir fast erfroren,
blüht bald auch wieder Mai:
denn alles geht vorbei
und nichts je … ganz verloren.

Drum lern von manchen Dingen,
die spurlos untergehn,
… wie sie sich erst gelingen,

wenn wir sie – stürzen sehn;
in jene ›Leere‹ dringen
: von der wir nichts verstehn.

Februar 1976

5

Noch treibt mich mein Verlangen
die Wege hin und her
– fürcht ich auch nichts so sehr,
als einmal anzulangen,

wo sich die Spur verliert:
wir uns, … uns selbst – entgegen,
zu einem Punkt bewegen,
… der nicht mehr weiterführt;

es sei denn, wir gewahren
uns nicht als bloßen ›Rest‹,
der nur noch feststelln läßt,

– wie rückhaltlos wir waren,
was sich mit Haut und Haaren
… in fremde Arme preßt.

Februar 1977

6

Und wird endlich gut, was, uns zu üben,
wir in immer sichrern Händen hielten,
den nur sehr allmählich eingespielten,
findet man … zu sich; doch ist nie ›drüben‹,

wo sich Dinge als … sie selbst entfalten
– uns noch stets entwachsend: wenn ein Rest
sich auch manchmal so gestalten läßt,
als wär' einzudämmen, fernzuhalten,

was … *wir wurden;* als ob's nicht zu werden,
galt, was wir, die man nie ganz entläßt,
– *sein solln;* los und frei, um so erst fest

dazusein; und grenzenlosem Treiben,
nichts als leerer Angelpunkt zu bleiben
: eins im andern – beides zu gefährden.

Januar 1977

7

Und leben wir, auch wenn fast nichts mehr trägt,
noch immer einem letzten Ziel entgegen,
fragt man sich schließlich, was aus Wind und Regen
uns stets von neuem hart entgegenschlägt:

uns so bedeutend, seiner zu – bedürfen?
– nun ganz herauszutreten aus uns rund
und klar erst spät gegebner Stunde! … und
die Neige jenes Überrests zu schlürfen,

der wir jäh – *selbst* sind; von geübter Hand
hinabgestürzt zu werden schon am Rand
der Leere, … die sich damit unterhält,

daß *alles:* ohne sich zu unterscheiden
abtretend, wie ins Bodenlose fällt,
… als sei ein letztes Urteil zu vermeiden!?

Februar 1977

Und führten unsre Strassen
auf einem andern Stern
ans Ziel: das wir nie fanden
– die meisten von uns ahnten
doch nicht einmal von fern,
… wie viel wir schon besaßen.

24. Juli 1993

IX

Als verglich' sich unsrer Not – fremde Güte?

NUN ALT, oft ziemlich müde,
weiß längst ich nicht mehr aus noch ein
– ein lebenssatter welker Rüde
döst trüb in seinen Tag hinein

wie auch hinaus, trifft noch ein Stein
statt eines Zurufs letzter Güte:
das Ende von dem Liede,
es könnt' kaum schlimmer sein;

– und doch, … vielleicht: indem sich
fast alles um mich schließt,
… zeigt sich's zugleich als – Tür,

… die nicht verrät, wohin sie führ';
mich schreckt und lockt: bin nämlich
noch nicht, wo man sich ganz vergißt.

2. Juni 2020

<VON DES GEDÄCHTNISSES UNZUVERLÄSSIGKEIT – UND ÜBERFLÜSSIGWERDEN!?>

Gedächtnis – Schutt der Jahre,
zugleich Erkennungszeichen
als Merkmal der Person,
– doch, ach, so ungenau,
ja falsch oft: und zuweilen
dem Traum gleich nur noch Ahnung
entkommner Wirklichkeit;
wohl auch kaum länger nötig,
seit wir, durchs Dasein schlüpfend,
stets Hülle bloß um Hülle
zurückzulassen wissen
hin zur Verkörperung
noch Neuen: ganz uns ein-
beziehend, – läßt ja kein
noch so gewagter Sprung
uns, Raum und Zeit enteilend,
in Niemandsland entweichen;
… würd' man auch gerne missen,
was, in gewachsner Fülle,
doch selten je erbötig,
die Zeiten dicht verknüpfend
hinführt zu jenem Leid,
das unsres Lebens Planung

nie einbezieht: obschon
auch jener … andre Ton
da ist in all dem Grau,
– jedoch so zögernd … blau,
daß man ihn im Verstreichen
des Heute kaum gewahrt.

29. März 1998

Und vielleicht liegt darin der ganze Unterschied; vielleicht ist alle … Wahrheit … gerade in diesem einen Augenblick zusammengefaßt, in dem wir die Schwelle zum Unsichtbaren überschreiten … mitten hinein ins Herz einer ungeheuren Finsternis.

Joseph Conrad

Stille innerhalb der Stille – allseits war die Grenze geöffnet, doch soviel auch zurückgelassen wurde und im Nimmerauffindbaren zurückblieb, nichts konnte im Gleichgewicht des All-Kreises verlorengehen; wahrlich, soviel auch zurückgelassen wurde, es war weder Verarmung noch Vereinsamung, ja fast bedeutete es Bereicherung, da das Vergessene aufbewahrt blieb … Unendlich verwandelte sich da vor seinem nochmals sehenden Auge nochmals das Nichts und ward zu Seiendem und Gewesenem, unendlich weitete es sich nochmals zum Zeitkreis, auf daß der Kreis, unendlich geworden, sich nochmals schließe …

Hermann Broch

Sonnenbrand, geliebtes Feuer,
komm, verbrenn mich, einmal ganz
mich zu häuten! – deinem Glanz
zu entsteigen als ein neuer

Mensch: der, wenn das Dunkel steigt,
bald schon anhebt zu verschlingen,
was uns abhob von den Dingen,
deren Stundenlauf sich neigt,

– ihrer nun gewärtig sei,
ihren Weg ins Einerlei
kalter Leere … zu begleiten:

teilzuhaben; mitzuleiden,
… läßt uns – ihrer Bahn Sich-Neigen
so dem ›Nichts‹ – entgegensteigen.

Juli 1977

WIE WIRD DER ABEND TIEF und schwer;
Gedanken huschen zu mir her:
bedacht, mich zu verderben?

… Vielleicht, uns … mitzunehmen?!
– gilt's doch, sich zu bequemen,
nicht an sich selbst zu sterben!

Mai 1977

KLEINES LOB DES GROSSEN ›NICHTS‹

Und war mein Herz in diesem bunten Treiben
– so groß es war, ließ es mich doch … allein:
fand stets bloß mich, ob ich mich gern auch ein-
gebracht hätt' … jenem einen Tag, zu bleiben

in einer Stunde, die sich hell und klar
ganz aufzutun schien, als im Herbstlicht bleichte,
was sich der Wind nahm, zügig weiterreichte,
bis nichts mehr blieb und alles nur noch war;

und dennoch voll in deinen Augen steht:
als reiche Ernte eines Jahrs, – die nichts
an diesem Platz, der sie nicht preisgibt, mäht

– Ort freilich einzig unseres Gewichts,
das sich verliert, zeigt, wo man uns verrät,
zugleich sich auch das Steigen andern Lichts.

November 1975

AUSGEGLÜHT von der Erfahrung,
– die doch auch nur Fieber war,
fand sich noch ganz … andre Nahrung:
fast wie eine – Offenbarung;
… mühsamer Gewöhnung bar.

22. Januar 1998

Der weisse Schnee, der grüne Klee
sind das, … was es nie gibt
– stets ist der Farben hohes C
von Rauch und Frost getrübt;

dein Auge selbst, den fremden Ton
gewahrend, fügt hinzu,
– und dennoch bleibt, wie immer du
auch abwägst, dir hiervon

… ein Unbetroffensein: das nichts
zerbricht – als jenes vage Grau,
fast Schwärze; doch jäh andern Lichts

Sich-Wandeln zu dem samtnen Blau
im Lächeln der geliebten Frau
… noch unter Tränen des Verzichts.

Februar 1976

NUN LOCKT DEIN HELLES HAAR,
weil Herbst die Farben stimmt;
– doch daß dein Aug' nicht trüb
vor spätem Himmel schwimmt …!

So bist du, – nah und klar,
des Rätsels tiefster Kern:
noch letzter Sonne Strahl
… und schon der Abendstern.

1961

Halbschlaf: ganz Benommenheit,
dämmernd wach; doch ohne Regung
liegend unter sanftem Regen,
der die Zeit am Rand der Nacht
wegtropft, … stetig – zäh ein Rinnen
wie von Blut: erschöpft und müde
all des Kampfs pulst's matt und still
durch den Körper – Körperliches
sacht verformend und zu Ufern
traumverlorner Wirklichkeit
schwemmend der … Erleichterung;
und doch wie ein steiler – Sprung
dünkend … hin zu einer Macht,
– die uns wie für immer will:
in kaum merklicher Bewegung
endlich Zuflucht; weit entlegen
von nicht länger stummen Rufern,
ohne Ort im Raum zugegen
noch, scheint langsam zu beginnen,
… was uns Schlaf bringt: als verglich es
unsre Not mit seiner Güte.

23. Februar 1998

Ich, Weisheit, … bin eingesetzt von Ewigkeit, von Anfang [an], … [als] Er den Grund der Erde legte: da war ich der Werkmeister bei Ihm und hatte meine Lust täglich und spielte vor Ihm allezeit und spielte auf Seinem Erdboden, und meine Lust ist bei den Menschenkindern. So gehorchet mir nun, meine Kinder. Wohl denen, die meine Wege [ein]halten!

Sprüche 8, 12.23.29–32.

Denn, um es endlich auf einmal herauszusagen, der Mensch spielt nur, wo er in voller Bedeutung des Wortes Mensch ist, und *er ist nur da ganz Mensch, wo er spielt.*

Friedrich Schiller.

Aber was mit uns gespielt wird, verwandelt sich nur unter Schmerzen in das, was wir spielen.

Ilse Aichinger

Von den Sternen weht ein fremder Wind
in die Herzen, die dies stets bestreiten,
… und doch spüren, wenn sie jäh erleiden,
– was fast auslöscht, … bis wir nichts mehr sind

als Gedanken, die ein großes Spiel
ordnend sammelt: und so tief verschmilzt,
wie du dir, dir selbst zu schwer, entfielst;
lassend, was noch immer viel zuviel

Zeit und Raum blockiert, dich – neu zu gründen,
faßt du Mut vor mehr als sprödem Sinn,
dem wir seinen Stachel nie entwinden,

– außer in dem Herzensernst des Kindes,
… spielt's mit unerwartetem Gewinn
unterm Wehen eines Sternenwindes.

Februar 1976

FÜNF SONETTE ALS (VORLÄUFIGER?) EPILOG

1

Wiedergeboren zu werden
(ohne gestorben zu sein),
… lädt zu Unendlichem ein:
das sich nie findet auf Erden,

– ob dich auch alte Beschwerden
nicht mehr belästigen; dein
Auferstehn kaum bloßer Schein
bleibt, – den dir deine Gefährten

dennoch als solchen gestalten,
wenn sie bald munter verwalten,
was in Vergessenes zwingt,

– das dir auf einmal gelingt:
und, sich nicht drin zu verlieren,
… dich von dir weg – weiterbringt.

21. Januar 2020

2

Und alles würde nochmals gut,
trieb' nicht, längst gern gemieden,
mich, oft fast bis zum Sieden
erhitzt, noch heißes Blut

voll Wallung, wilder Wut,
und kaum schon mildem Frieden,
– wenn auch nicht mehr geschieden:
vereint zu später Glut,

… die allzu graue Tage
– durchwärmt und ihre Plage
alsbald beiseite schiebt;

… wird doch zu tief geliebt,
was, … immer außer Frage,
nie wirklich – Antwort gibt.

20. Januar 2020

3

Leb und liebe des Lebens Kern,
… das vor deinem Aug' zerstiebt;
– frag dich nicht, was es sonst noch gibt:
lebe trotz mancher Härten gern!

… wenn sie dir auch das Herz beschwern,
bis es, sich sperrend, – abseits liegt,
von des Vergessens Wind gewiegt,
drin deiner Träume süße Beer'n

locken; dann hör den fremden Ruf,
der zurückzwingt ins rauhe Sein
– find deinen Weg und ihn getrost

gehend, – laß dich auf alles ein!
: was dein Schicksal auch zugelost
hat oder fremder Sinn dir schuf.

6. März 2020

4

Eiliger ziehn längst die Tage,
aber woher und wohin?
… an mir vorbei: ohne Sinn?!
– den ich zu suchen jetzt wage;

und steh doch selbst mittendrin
in der verfänglichen Frage,
wer denn ich … selbst war und bin
auf meinem Weg, der, als jage

etwas mich immer noch weiter:
weg von mir – oder so erst
ganz zu mir! – plötzlich hinein

in endlich *wirkliches* Sein
führt!? … lacht dein Aug' mir so heiter,
als ob du längst schon dort wärst.

19. Januar 2020

5

Und immer weiter, weiter: nicht wohin
frag noch wozu – die alten Fragen
sind müßig; lausch der Winde Jagen
… und such in ihm nicht nach verborgnem Sinn,

– der sich nie findet, weil er stets schon da
ist selbst in schmalsten Blatts sich leisem Wenden,
… als greif' mit unsichtbaren Händen
nach dir, … was dich nicht faßt: ihm viel zu nah

für jede eigentliche, wirkliche Aktion
von ›dort‹ nach hier; und jeglicher Vision
abhold, als ob es irgendwie mißfiel',

daß jeder Zugriff wie ins Leere faßt
– bist du doch nichts als flücht'ger Gast
in unentwirrbar-absichtsvollem Spiel.

22. Januar 2020

SILVESTER

Morgen kommt ein neuer Tag,
neu ein weitres Jahr
– was ich immer wieder mag,
windzerzaust dein Haar,

zähl ich jährlich, … täglich neu.
Weißt du noch die Zahl?
… Oh, wie sind die Finger scheu,
da ich nichts befahl;

nichts sonst sehe – noch vergeß!
… bin ich doch schon weit
– weg von mir: in dir und des
Sonnenvogels Zeit.

1968

NACHBEMERKUNG, NICHT NUR ÜBERSCHRIFTEN UND MOTTOS BETREFFEND

Die in spitze Klammern gesetzten Gedichtüberschriften sind, wie auch eine ganze Reihe noch nicht gleichermaßen jeweils in Klammern gesetzter in den früheren Gedichtbänden – und also, so oder so, ohne daß dies damals schon wirklich deutlich kenntlich gemacht worden wäre –, *nicht bloß vereinzelt* gewissermaßen *nur uneigentlich* gesetzt. Und damit (gerade auch aus zuweilen dialektisch entgegensetzendem ironischem oder noch anderem, immer aber bewußtem und meist wohl auch einigermaßen deutlichem *Kontrast* heraus) fast ausschließlich *als bloße Verstehenshilfen wie dann allerdings auch bzw. sogar regelrechte -erweiterungen* gedacht: als Erhellung bzw. in dennoch vor allem nichts anderem als bloß deren zentral Intendiertes noch weiter unterstreichender Zuordnung zu sich nicht unbedingt stets ganz selbstverständlich erschließender Gedankenführung, der so, wenn auch nur am Rande, mit weiteren Maßnamen beigestanden werden soll.

Genauso ist auch zu den Mottos festzuhalten, daß sie – in den früheren Gedichtbänden ebenfalls ohne bereits entsprechenden Hinweis hierauf – weniger einer Aufbesserung der Gedichte *als solcher* dienen sollen, als vielmehr und vor allem bloß *dem Gewinnen ersten Zugangs wie dann auch und nicht zuletzt wiederum eines noch zusätzlichen Moments in Ergänzung oder umgekehrt aus der (auf sehr unterschiedliche Weise möglichen) Entgegensetzung* heraus: zu einem erst so zu erzeugenden Gesamtgehalt – *über den Gehalt des Gedichtes als solchen anscheinend, zuletzt aber doch kaum anders als bloß scheinbar gleichsam noch hinaus. Und so also dennoch nur seine (zumindest beabsichtigte und dementsprechend herauszuarbeiten versuchte) Tendenz nochmals, wenn auch meist nicht anders als nur indirekt, zu unterstreichen suchend.*

Dies bedeutet nun aber, daß die Intention des entsprechenden Mottos der zentralen Aussage des Gedichts, dem es vorangestellt ist, soweit sie eindeutig zu ermitteln ist, manchmal und durchaus in nicht bloß gewisser Weise bzw. bestimmter Hinsicht *widersprechen kann, soll, ja ›muß‹*. Ebenso soll auch das Nebeneinander mehrerer Mottos diesen Effekt in der Regel nur eben noch verstärken; *Disparatheit ist somit (nicht nur mitunter) gerade beabsichtigt,* wie ja auch umgekehrt in eventuell der – doch eher zu vermutenden – Beabsichtigung *ausschließlich* von Entsprechung diese tatsächlich zu erreichen Illusion bleiben müßte. (Womit sich nun jedoch das Bemühen, dem – selbst in Naturlyrik nie fehlenden – Gedankengang bzw. überhaupt dem grundsätzlichen Verständnis zusätzlich aufzuhelfen, wiederum als einigermaßen problematisch, wenn nicht sogar schließlich als in sein Gegenteil verkehrt verstehen lassen *könnte*.) –

Und nicht zuletzt (obwohl sich gerade dieser Eindruck einstellen kann, wenn nicht gar muß) sei mit diesen nun abschließenden Sätzen Sophie Alloyer aus- und nachdrücklich gedankt. Denn ohne ihren Beistand mit Rat und Tat, auch in Form großzügiger nicht nur finanzieller Unterstützung, wäre die schließlich einigermaßen zügige Publikation dieser Reihe von Gedichtbänden kaum so ohne weiteres möglich geworden. Sind diese

Gedichte doch so geartet, daß sie das Interesse des heutigen durchschnittlichen Leserkreises nicht einmal auch nur von ferne berühren.

– Es wurde und wird also (wie übrigens nicht sehr viel anders auch in meinen späteren wissenschaftlichen Publikationen) geschrieben für eine vermutlich nicht allzu nahe Zukunft, die – trotz allem, was überdeutlich dagegen spricht – vielleicht doch und dennoch möglich bleibt. Oder eines (sicher nicht allzu nahen) Tages wieder wird: in, fern geisttötenden Medienrummels immer leereren Wortgeplappers und -geklappers, gründlicher, grundsätzlicher Neubesinnung, ohne die auf überhaupt weiteren, geschweige denn sinnvollen, sinngefüllten Fortbestand ohnehin nicht länger auch nur zu hoffen ist. Denn weiterer Bestand des heute Dominanten wäre, eigentlich, kaum wert, irgendwelche Hoffnungen oder ähnliche Gefühle bzw. gar Erwartungen auf ihn zu verschwenden, was so also einmal etwas deutlicher und nicht mit nur vorsichtiger Zurückhaltung gesagt werden sollte. Ist doch das Wissen der Alten etwa um die Abfolge der drei Zeitalter, das letzte auf tönernen Füßen, schon lange einem besinnungslosen Fortschrittsaberglauben gewichen, der paradoxerweise geradezu ins nackte Nichts zu führen nicht nur droht.

– Es könnten dann, *evtl.*, eines fernen Tages, wie die Mottos und der angesprochene Teil der Gedichtüberschriften (in spitzen Klammern) so eventuell sogar die Gedankenstriche und hinweisenden Auslassungspunkte von den Gedichten zwar nicht alle, aber doch *weitgehend* wieder – vorsichtig – weggenommen werden; die Gedichte würden dann, für einen hoffentlich nicht mehr allzu kleinen Leserkreis, ruhiger: *in so also hinzunehmendem, aber wohl auch hinnehmbarem Verlust einer aus solchem Wegfall wohl nicht nur vermutlich resultierenden erschwerten Verständlichkeit* (jetzt zu erreichen versucht eben durch Gedankenstriche und Auslassungspunkte) wie zugleich vermutlich auch mit dem Ergebnis einer (im Wegfallen der Mottos) sich evtl. vermindernden, jedoch durch volleres, tieferes Verständnis der Gedichte als solcher vermutlich *zu kompensierenden Komplexität.*

Leipzig/Cachan, im Februar 1924